하늘다람쥐,
집 걱정은 하지 마!

첫 번째 찍은 날 | 2013년 9월 10일
세 번째 찍은 날 | 2018년 3월 5일

글 녹색연합 | **그림** 박지훈 | **감수** 박병권
펴낸이 이명희 | **펴낸곳** 도서출판 이후 | **편집** 김은주, 신원제, 유정언 | **마케팅** 김우정
표지 및 본문 디자인 | (주)끄레 어소시에이츠

글 ⓒ 녹색연합, 2013   그림 ⓒ 박지훈, 2013

등록 | 1998. 2. 18.(제13-828호)
주소 | 10449 경기도 고양시 일산동구 호수로 358-25(동문타워 2차) 1004호
전화 | (영업) 031-908-5588 (편집) 031-908-1357 팩스 02-6020-9500
블로그 | blog.naver.com/dolphinbook
페이스북 | facebook.com/smilingdolphinbook

ISBN | 978-89-97715-14-5 77810
이 도서의 국립중앙도서관 출판시도서목록(CIP)은 e-CIP 홈페이지(http://www.nl.go.kr/cip.php)에서 이용하실 수 있습니다.
(CIP 제어번호: CIP 2013015081)
이 책은 저작권법에 의해 보호를 받는 저작물이므로 무단 전재와 복제를 금합니다.

꽃의 걸음걸이로, 어린이와 함께 자라는 웃는돌고래

웃는돌고래 는 〈도서출판 이후〉의 어린이책 전문 브랜드입니다.
어린이의 마음을 살찌우고, 생각의 힘을 키우는 책들을 펴냅니다.

어린이제품안전특별법에 의한 제품 표시

제조자명 도서출판 이후 | **주소** 경기도 고양시 일산동구 호수로 358-25(동문타워 2차) 1004호
전화번호 031-908-5588 | **제조년월** 2018년 3월 | **제조국** 대한민국 | **사용연령** 만 7세 이상

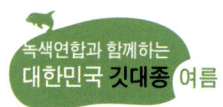

하늘다람쥐,
집 걱정은 하지 마!

글 녹색연합 | 그림 박지훈 | 감수 박병권

웃는돌고래

오늘도 할머니는 새벽같이 밭에 나갔습니다.
한낮은 너무 더워 일하기 힘들다고,
해 뜨기 전부터 밭에 나가
꼬부랑 허리로 밭을 맵니다.

"강냉이도 팔고, 감자도 팔고, 고추도 팔아야
우리 강아지 책도 사고, 옷도 사고,
맛난 것도 사 주지."

동수는 오늘 아침도 혼자 먹습니다.
찬물에 밥을 말아 후루룩 마시듯이 먹습니다.

오늘은 또 온종일 뭐 하고 놀까요?
할머니 동네에는 또래 친구가 한 명도 없습니다.
혼자 하는 구슬치기,
혼자 하는 딱지치기,
혼자 하는 물놀이,
다 재미가 없습니다.

밥을 먹고 한참을 기다려도 할머니는 오질 않습니다.
동수를 기다리고 있을 거예요.
새벽에 가져간 물은 벌써 다 바닥이 났을 테니까요.

"동, 동수야! 같이, 같이 가!"
용식이가 쫓아옵니다.
아무리 심심해도 용식이랑 놀기는 싫습니다.

"아이고, 우리 강아지!
할미 주려고 물 떠 왔나?"

할머니는 동수를 보고 펄쩍 반가워합니다.

"세상에나! 얼음까지 넣어 왔네?"

할머니는 동수 얼굴에 마구 뽀뽀를 합니다.

"할머니, 끈적거려. 하지 말라고!"
쑥스러워진 동수는 팽 돌아서 산으로 가 버렸습니다.

"늦지 않게 내려온나! 용식이 삼촌 잘 델꼬 댕기고!"

할머니는 꼬박꼬박 용식이를 삼촌이라 부르라 합니다.
그치만 어림없지요.

"용식아! 숨바꼭질 하자. 내가 숨을 테니까 잘 찾아, 알았지?"

절대 못 찾을 곳에 숨어 있다가 동수는 혼자 집으로 내려가 버릴 생각이지요.
용식이는 하루 종일이라도 동수를 기다릴 겁니다.

"무궁화꽃이 피었습니다!"

용식이를 두고 혼자 숲을 가로질러 가려 했는데,
아무래도 집으로 가는 길을 못 찾겠습니다.
누가 꼭 동수를 지켜보고 있는 것도 같고요.

쬐금 무서운데 용식이한테 돌아갈까요?

"못 찾겠다, 꾀꼬리!"

다행히 용식이가 "못 찾겠다, 꾀꼬리!"를 외칠 때까지
겨우 버텼습니다.
동수는 못 이기는 척, 용식이 앞으로 나섰지요.

"도, 동수야! 여기, 엄청 예쁜 다, 다람쥐 사는 거 아냐?"
용식이가 동수를 반기면서 말합니다.

"그러시겠지!"
"지, 진짠데! 날개를 이, 이렇게 펴고 막 날아다녀."
"뻥치지 마! 자꾸 그딴 소리 하면 나 혼자 집에 갈 거야!"

용식이는 커다란 나무가 쭉쭉 뻗은 숲으로 동수를 데리고 갑니다.
참나무랑 은사시나무가 우거지고, 딱따구리도 사는 숲입니다.
"여, 여기야."

용식이가 가리킨 곳에는
길쭉길쭉 동그란 갈색 똥이 잔뜩입니다.

"똥 싼 나무 건너편이 진짜 다람쥐 집이야.
진짜 집은 못 찾게 하느라 여기다 똥을 싼 거지. 참, 똑똑하지?"

신기하게도 용식이가 더듬지도 않고 말을 하네요.
용식이가 나무에 기대 섰습니다.
동수도 따라 기댑니다.

바로 그때였어요!

나무 구멍에서 복슬복슬 하늘다람쥐가
쏙 튀어나왔어요!

바둑알처럼 까맣고 반들반들한 눈으로 요리조리 둘러보더니
귀를 쫑긋 세운 채
쪼르르 나무를 타고 내려와요.

그러고는
용식이 손바닥에 있는 땅콩 몇 알을 냴름 집어
구멍으로 도로 쏙 들어가 버려요.

동수한테는 눈길 한번 안 주더라니까요.

"치! 그냥 다람쥐네 뭐."
동수는 쿵쾅거리는 가슴을 애써 모른 체했어요.
"아, 아니야. 진짜 굉장해, 날아갈 때는."

그 말을 듣기라도 했는지
하늘다람쥐가 구멍에서 나오더니 건너편 나무로
슈~~~웅
날아갔어요.

"우와! 우와! 우와아~~~!"

동수는 저도 모르게 소리를 지르고 말았어요.
하늘을 나는 다람쥐라니,
정말이지 굉장해요!

다음 날, 동수는 아침밥을 먹자마자 용식이네로 갔어요.
이런 일은 처음이에요.
용식이도 좋아서 신발도 제대로 꿰지 않고 집을 나섭니다.
하늘다람쥐 숲에 도착하자 용식이는 땅콩을 꺼냈지요.

"너, 너도 해 봐. 친구니까 겁, 겁 먹지 말고."

손바닥에 땅콩을 올린 채 동수는 침도 삼키지 않고,
손가락도 꼼지락 않고 기다립니다.

드디어,
하늘다람쥐가 동수에게 왔습니다.
간질간질, 꼼질꼼질,
엄청 따뜻해요!

동수는 이제 할머니네 시골이 하나도 심심하지 않습니다.
아빠 기다리면서 우는 일도 줄었어요.
게임기가 없다고 투덜대지도 않습니다.
하늘다람쥐 숲에서 신 나게 놀다 보면 시간 가는 줄 모르거든요.

하늘다람쥐는 밤에 다니는 걸 더 좋아해서
자주 볼 수는 없지만,
그래도 괜찮아요.
거기 있는 줄 다 알고 있으니까요.

할머니에게 무서운 얘기를 들었어요.
하늘다람쥐 숲을 밀어내고 골프장을 지을 거래요.

골프장을 지으려고 나무를 베면
나무에서 벌레를 잡아먹고 살던 딱따구리가 사라진대요.
딱따구리가 없어지면
딱따구리 구멍에 새끼 낳고 살던 하늘다람쥐도 집을 잃게 돼요.

동수는 하늘다람쥐 생각에 잠을 잘 수가 없었답니다.

골프장이 들어서면
사람도, 딱따구리도, 하늘다람쥐도 살기 힘들어진대요.
그러면 골프장을 안 지으면 될 텐데,
도대체가 동수는 이해를 할 수 없습니다.

오늘은 도시에서 숲을 지키려고 사람들이 왔습니다.
하늘다람쥐가 그려진 멋진 티셔츠도 선물받았고요.
용식이가 힘주어 말합니다.

"거, 걱정하지 마! 내 친구들 내, 내가 지켜!"

그날 밤이었어요.
하늘다람쥐 숲으로 몰래 들어가는 사람들을 용식이가 봤어요.

"얼른 가서 하늘다람쥔가 뭔가, 쫓아 버리자고!"
"그래! 그놈들만 쫓아내면 거기 멸종위기종이 사네,
공사를 못 하네, 떠드는 놈들도 없겠지!"
"도시에서 사람들이 자꾸 몰려오니까
아주 성가시지 뭐야. 얼른 끝내세."

"어? 내, 내 친구들 코~ 잘 텐데…….
아저씨들, 거, 거기서 뭐 해요?"

그날 밤 용식이는 집에 오질 않았어요.
새벽부터 마을 사람들 모두
용식이를 찾아 나섰습니다.
동수는 하늘다람쥐 숲으로 곧장 달려갔어요.

"용식이 삼촌! 삼촌!"

동수는 용식이 삼촌을 애타게 부르며 찾아 헤맵니다.
자기도 모르는 사이에 용식이를 '용식이 삼촌'이라고 부르면서요.

나무 아래 쓰러진 용식이 삼촌을 발견했습니다.

"용식이 삼촌! 괜찮아?"

옷은 헝클어지고, 머리도 엉망이었습니다.
누구랑 심하게 싸운 것 같았어요.

"내, 내가 안 된다고 했어.
다람쥐 코~ 자는데, 그렇게 쑤시면 안 된다고.
다람쥐 집이라고, 그, 그러지 말라고!"

동수라면 절대로 못 그랬을 거예요.
용식이 삼촌은 정말 대단해요!

"용식이 삼촌, 일어나. 집에 가자, 얼른!"

용식이 삼촌은 동수의 머리를 가만가만 쓰다듬어 주었습니다.

할머니는 오늘도 꼬부랑 허리로 힘들게 힘들게 밭을 맵니다.
동수 친구는 여전히 용식이 삼촌뿐이지요.
그래도 달라진 게 있습니다.

용식이 삼촌 혼자 또 그런 일을 겪지 않도록
마을 사람들은 더 열심히 하늘다람쥐 숲을 지키기로 했거든요.
숲을 찾아오는 사람들도 점점 늘었습니다.
하늘다람쥐를 지키려는 사람들입니다.
모두가 힘을 모으면
하늘다람쥐 숲은 사라지지 않을 거예요.

오늘도 동수와 용식이 삼촌은 하늘다람쥐에게 약속합니다.

우리가 지켜 줄게!
하늘다람쥐들아, 집 걱정은 하지 마!

하늘다람쥐에 대해 더 알아볼까요?

나무와 나무 사이를 날아다녀요!

하늘다람쥐는 다람쥐과에 속하는 동물입니다. 우리가 흔히 보는 다람쥐와는 다르게 앞다리와 뒷다리 사이에 날개처럼 생긴 피막이 있지요. 하늘다람쥐가 날 수 있는 건 바로 이 얇은 피막 덕분이랍니다. 하늘다람쥐는 높은 나무에서 피막을 쭈욱 펴고 아래쪽으로 날아가요. 보통은 7, 8미터 정도 나는데, 멀리 날 때는 30미터까지 정확하게 날아갈 수 있다고 해요.

하늘을 날 때는 이렇게 멋진 하늘다람쥐지만 땅 위에 있을 때는 엉금엉금 기어 다녀요. 땅 위에서 활동할 때는 피막이 오히려 방해가 되거든요. 그러나 나무에 올라갈 때는 엄청 재빠르게 이 나뭇가지에서 저 나뭇가지로 이동한답니다.

꼬리를 제외한 몸길이는 15센티미터에서 20센티미터쯤 돼요. 동그란 머리와 작은 귀, 큰 눈을 가지고 있지요. 몸은 연한 회갈색이고, 배 부분은 흰색입니다. 꼬리 길이는 9.5센티미터에서 14센티미터 정도인데, 털은 길고 편평하답니다.

날다람쥐와는 달라요

하늘다람쥐는 시베리아나 만주, 우리나라 중북부 지방에 주로 살고 있는 희귀한 동물입니다. 하늘다람쥐의 집이 파괴되면서 하늘다람쥐의 수가 점점 줄고 있어 천연기념물 제328호로 지정해 보호한답니다.
애완용으로 기르는 '슈가글라이더(유대하늘다람쥐)'라는 다람쥐를 하늘다람쥐와 착각하는 친구들도 있어요. 생긴 건 비슷하지만, 하늘다람쥐는 쥐와 같은 설치류 동물이고 슈가글라이더는 포유류랍니다. 얇은 피부인 피막을 가진 것 말고는 같은 점이 전혀 없어요. 슈가글라이더는 14센티미터에서 18센티미터로, 하늘다람쥐보다 조금 작습니다.
또 착각하기 쉬운 동물로는 날다람쥐가 있어요. 날다람쥐는 몸길이가 40센티미터에서 45센티미터로, 하늘다람쥐보다 두 배 정도 커요. 일본하늘다람쥐를 날다람쥐라고도 하는데, 우리나라에는 살지 않아요.
하늘다람쥐가 귀엽고, 온순하다고 해서 애완동물로 길러서는 안 됩니다. 우리 모두가 보호해야 하는 동물이지요. 사실, 동수랑 용식이 삼촌처럼 사람들과 너무 가까이 지내는 것도 하늘다람쥐에게는 좋지 않아요. 땅콩을 주는 것도 조심해야 해요. 길들여지면 안 되거든요. 먹이가 없어 굶어 죽을 지경이라면 또 얘기가 다르지만요. 일단 하늘다람쥐가 사는 곳을 잘 보호하는 게 중요해요. 하늘다람쥐가 넓은 숲에 있는 둥지에서 자기들끼리 자유롭게 살 수 있도록 도와주세요!

하늘다람쥐는 이렇게 살아요

하늘다람쥐는 상수리나무, 잣나무가 함께 자라는 곳이나, 침엽수가 있는 숲을 좋아해요. 딱따구리들이 파 놓은 나무 구멍에 나무껍질, 풀잎, 나뭇가지 등을 넣어 동그랗고 폭신하게 만들어 놓은 것이 바로 하늘다람쥐 둥지예요. 그래서 딱따구리들이 없다면 하늘다람쥐는 살기 힘들어져요. 둥지에는 보통 한 마리나 두 마리가 살아요. 겨울에는 둥지에서 겨울잠을 자고요. 봄이 되면 세 마리에서 여섯 마리의 새끼를 낳는답니다.
낮에는 납작한 꼬리로 온몸을 덮고 자다가, 저녁부터 활동을 하는 야행성 동물이에요. 먹이는 주로 도토리 같은 단단한 열매나 과일, 나무의 어린 싹이나 곤충을 먹어요. 먹을 때는 앞발로 먹이를 꽉 잡고 껍질을 벗기면서 먹는답니다.

먹이 창고

🐿 골프장, 꼭 더 필요한가요?

약한 동물일수록 강한 동물을 피해 높은 곳이나 산 깊숙한 곳으로 들어가 산답니다. 하늘다람쥐는 힘센 동물들을 피해 높은 나무 위에 둥지를 만들어 생활해요. 온순하고 작은 동물이지요. 밤에만 활동하기 때문에 낮에는 이 숲에 하늘다람쥐가 사는지, 살지 않는지 알아보기도 힘들어요. 그래서 하늘다람쥐가 사는 숲이라도 사람들은 그 숲에 하늘다람쥐가 없다고 생각하기도 하지요.

골프장을 만들기 위해서는 숲의 나무를 베어야 해요. 나무는 먹고, 쉬고, 새끼 다람쥐도 키울 수 있는 집이에요. 그런 나무가 없어지면 하늘다람쥐가 살아가기 어렵답니다.

동수네 마을처럼 골프장이 만들어질 예정인 마을 주변에는 하늘다람쥐들이 살고 있는 곳이 많아요. 하늘다람쥐와 함께 오순도순 정겹게 살아온 할머니, 할아버지들은 골프장이 만들어진다는 소식을 듣고 숲과 마을을 지키기 위해 애쓰고 계시지요. 골프장이 만들어지지 않도록 십 년 넘게 싸우고 있는 분들도 있답니다.

골프장이 생기면 하늘다람쥐가 사는 예쁜 숲, 마을 앞을 흐르는 깨끗한 개울물도 더 이상 볼 수 없게 돼요. 골프장 잔디에 뿌리는 농약은 마실 물을 오염시킬 수도 있지요.

우리나라에는 벌써 골프장이 5백 개 가까이 된대요. 이렇게나 골프장이 많은데 자연을 부수고, 마을을 망가뜨리면서 또 지어야 하나요?

🐿 〈녹색연합〉과 함께 하늘다람쥐를 지켜요

ⓒ녹색연합

〈녹색연합〉은 하늘다람쥐 같은 야생동물을 보호하는 일을 하고 있습니다. 마을과 하늘다람쥐를 지키기 위해 도시 사람들과 함께 '생명버스'를 타고 골프장이 들어설 곳을 찾기도 해요. 그러면서 자연이 보존돼야 할 곳에 골프장이 만들어지지 않도록 애쓰고 있지요.

하늘다람쥐를 지키려면 먼저 숲에 하늘다람쥐가 산다는 것을 증명해야 해요. 숲에 하늘다람쥐가 살고 있다면 숲을 보전하라고 요구할 수 있거든요. 하늘다람쥐가 나무 밑에 싸 놓은 얇고 긴 황토색 똥으로 하늘다람쥐가 사는지 아닌지 확인하는 경우가 많지요.

골프장을 지으려는 사람들은 하늘다람쥐가 숲에 살지 않는다고 거짓말을 해요. 이렇게 거짓말을 하지 못하도록 하늘다람쥐가 사는 증거를 열심히 모으고 있어요. 숲에 사람이 들어와 웅성거리면 낮이라도 하늘다람쥐가 둥지에서 고개를 내밀 때가 있어요. 잠에서 깬 어리둥절한 표정은 참말로 귀엽답니다. 그걸 사진으로 찍어서 많은 사람들에게 보여 주기도 해요. "여기에 하늘다람쥐가 살고 있어요! 이 숲을 지켜 주세요!" 하고 말이지요.

앞으로도 〈녹색연합〉은 하늘다람쥐가 더 많은 숲에서 안심하고 살 수 있도록 도울 거예요. 정부에도 건의하고 사람들에게도 함께 하늘다람쥐 숲을 지키자고 얘기할 거고요. 어린이 여러분도 함께해 주세요! 꼭이요!

글 **녹색연합** "함께 열어 가는 푸른 미래, 녹색연합이 꿈꾸는 세상입니다." 1991년 창립된 우리나라의 대표적인 환경 운동 단체입니다. '생명 존중, 생태 순환형 사회, 비폭력 평화, 녹색 자치'를 실현하기 위해 백두대간 보전 활동, 야생동식물 보호 활동, 생태 공동체 운동, 반핵 운동, DMZ 보호 활동, 군기지 환경문제 대응, 대안 에너지 보급 활동 등을 하고 있습니다. 《하늘다람쥐, 집 걱정은 하지 마!》 진행에는 녹색연합 정명희 님이 애써 주셨습니다.

그림 **박지훈** 부산에서 태어나 제주도에서 어린 시절을 보냈습니다. 아름다운 제주도의 자연 속에서 놀았던 기억이 자라서 그림을 그리게 된 계기가 되었습니다. 소중한 우리 자연을 그림에 담기 위해 애쓰고 있습니다. 작품으로 《똥떡》, 《고무신 기차》, 《큰가시고기 이야기》, 《한강》, 《누에가 자라고 자라서》, 《어멍 어디 감수광?》, 《내 똥으로 길렀어요!》, 《우리 누나 시집 가던 날》 등이 있습니다.

감수 **박병권** 충북 옥천의 흙집에서 태어나 자랐습니다. 물리학자가 되고 싶었는데, 생물학을 전공하게 됐지요. 사람들 마음에 따뜻한 생태학을 심으려 노력하고 있습니다. MBC〈느낌표!〉에 너구리 박사로 나오면서 알아보는 사람들이 많아졌어요. 지금은 원광디지털대학교 한방건강학과 교수로 있습니다. 쓴 책으로〈자연, 뒤집어 보는 재미〉가 있습니다.

● 이 책은 "녹색연합과 함께하는 대한민국 깃대종" 시리즈의 셋째 권입니다.
깃대종이란 1993년 국제연합환경계획(UNEP)이 발표한 개념으로, 생태계의 여러 종 가운데 그 종과 서식지를 지키면 생태계 전반을 되살릴 수 있는 대표적인 생물종을 가리킵니다. 또한 한 지역의 생태적, 지리적, 문화적 특성을 반영하는 상징적인 동식물입니다. 시베리아호랑이, 팬더, 코알라, 두루미 등 국제적인 깃대종이 있는가 하면, 강원도 홍천의 열목어, 울산 태화강의 각시붕어, 경기 의왕시의 올빼미, 충북 괴산의 미선나무, 전북 덕유산 반딧불이 등 한국 깃대종도 있습니다.
"녹색연합과 함께하는 대한민국 깃대종" 시리즈의 첫째 권은 백령도 점박이물범의 이야기를 담은 《점박이물범, 내년에도 꼭 만나!》이고 둘째 권은 울진 산양 이야기를 담은 《산양들아, 잘 잤니?》입니다.

● **취재에 도움 주신 분들**
강원 홍천군 구만리 반종표 이장님, 갈마곡리 안시걸 님, 이경근 님, 그리고〈녹색연합〉이자희 활동가 님께 감사드립니다.

녹색연합과 함께하는 대한민국 깃대종, 봄
점박이물범, 내년에도 꼭 만나!

글 녹색연합 | 그림 남성훈 | 감수 고래연구소 | 값 12,000원

백령도에 사는 범이에게는 아주 특별한 동생이 있습니다. 바로 북두칠성 무늬가 아름다운 점박이물범 '별이'예요. 범이와 별이가 어떻게 만났는지 들어볼까요?

2013년 초등학생 북스타트 "책날개" 선정도서

녹색연합과 함께하는 대한민국 깃대종, 겨울
산양들아, 잘 잤니?

글 녹색연합 | 그림 이장미 | 감수 최현명 | 값 13,000원

울진에 사는 산양들은 겨울이 오면 먹을 것이 모자라 산 아래로 내려옵니다. 내려오다 지쳐서 죽기도 하고, 사람들에게 구조가 되기도 하지요. 송이가 구한 새끼 산양 '양이'는 건강하게 산으로 돌아갈 수 있을까요?

꽃의 걸음걸이로, 어린이와 함께 자라는 웃는돌고래

웃는돌고래는 〈도서출판 이후〉의 어린이책 전문 브랜드입니다.
어린이의 마음을 살찌우고, 생각의 힘을 키우는 책들을 펴냅니다.